40 ÉNIGMES
POUR FANS DE FOOT

SILKE MORITZ – ACHIM AHLGRIMM

Depuis quelques années, Silke Moritz et Achim Ahlgrimm
conçoivent ensemble des livres pour la jeunesse.
La première signe les textes, le second les illustrations.
Ils sont mariés et vivent avec leurs deux filles
dans la banlieue de Hambourg.

Première édition parue sous le titre :
Droit au but ! 40 énigmes pour fans de foot.

Éditeur : François Martin
Maquette : Christelle Grossin

Titre original :
Abgefälscht und ausgetrickst! 40 Rätsel für Fußballfans

ISBN 978-2-7427-8327-4

Loi 49-956 du 16 juillet 1949
sur les publications destinées à la jeunesse.

SILKE MORITZ

40 ÉNIGMES POUR FANS DE FOOT

Illustré par
ACHIM AHLGRIMM

Traduit et adapté de l'allemand par
HÉLÈNE BRAVIC

ACTES SUD JUNIOR

OSCAR ET REDSTAR : UNE ÉQUIPE DE CHOC !

Voici Oscar Tongeaune. Ses amis l'appellent aussi Oscar… rément malin, parce qu'il trouve toujours une solution, même dans les situations inextricables ! Oscar est journaliste sportif. Un appareil photo et un carnet de notes sous le bras, il court par monts et par vaux pour suivre les événements de la région. Mais ce qu'il préfère par-dessus tout, c'est le football. Et justement, son sport favori est à l'honneur : à la veille du grand tournoi international, les esprits sont déjà échauffés par la fièvre du ballon rond ! Oscar s'apprête donc à arpenter la ville pour débusquer les informations les plus confidentielles.
Un jour à l'aéroport pour interviewer les équipes dès leur arrivée, le lendemain en marge de la ville pour assister à l'entraînement secret des favoris, Oscar ne rate jamais un scoop et déjoue les obstacles qui se dressent sur sa route. Car, en plus d'être bon journaliste, il a un flair sans pareil pour repérer les feintes et démasquer les tricheurs.
Son chien Redstar l'accompagne dans toutes ses aventures, lui qui adore fourrer son museau dans les moindres recoins.
Mais Oscar compte surtout sur toi pour l'aider à résoudre les 40 énigmes qui se poseront à lui tout au long du tournoi. Alors enfile ton maillot, chausse tes crampons et viens le rejoindre.

C'est parti !

DES MORDUS DU BALLON ROND

Tous les dimanches matin, Oscar Tongeaune retrouve ses collègues du journal pour leur sacro-saint match de foot hebdomadaire. Et, même s'ils ne sont pas de très bons footballeurs, ils se donnent toujours à fond. Aujourd'hui, Oscar est au meilleur de sa forme. Après avoir intercepté le ballon à l'arrière, il commence à dribbler et progresse en direction du but adverse, laissé sans surveillance par le gardien qui s'emploie à extirper un caillou de sa chaussure. Oscar bloque la balle puis tire de toutes ses forces entre les deux sacs qui font office de poteaux.

– Buuuut ! s'écrie-t-il.

La moitié de ses collègues exulte, enthousiaste, pendant que l'autre peste contre le goal. Le match est fini pour aujourd'hui.

Oscar rassemble ses affaires, s'empare du poteau droit, qui retrouve alors sa fonction initiale de sac de sport, et prend congé de ses collègues.

– Je dois y aller, dit-il. C'est demain que commence le grand tournoi de football et j'ai encore pas mal de choses à préparer.

Puis il se dirige vers l'arbre auquel il a été contraint d'attacher Redstar qui non seulement adore mordiller les chaussures de foot, mais s'intéresse aussi aux sacs de sports, et encore plus aux sandwichs qui se trouvent à l'intérieur...

Mais le chien a disparu. Il ne reste qu'un morceau de laisse qui se balance à l'une des branches.

– Rongée jusqu'à la corde ! soupire Oscar tout en cherchant le chien des yeux.

QUESTION

Mais où est donc passé Redstar ?

2

RIEN N'ARRÊTE OSCAR

Oscar regarde sa montre. Bon sang, il est presque onze heures et demie ! Après avoir acheté de la nourriture pour chiens, taillé ses crayons et révisé son appareil photo, il en aurait presque oublié le rendez-vous le plus important de la journée : la première équipe du tournoi arrive dans une demi-heure à l'aéroport. Il est grand temps de partir !

Tirant Redstar derrière lui, Oscar se précipite hors de la maison. Heureusement, un taxi passe juste à ce moment-là. Oscar l'arrête, saute à l'intérieur le chien dans les bras et s'écrie :

– À l'aéroport, vite !

Mais le chauffeur secoue la tête :

– Désolé, dit-il. Il est pour l'instant impossible de traverser la ville. Tous les accès sont barrés pour des raisons de sécurité.

– Ce n'est pas possible ! enrage Oscar. Je suis journaliste et je dois absolument y aller !

– Regardez vous-même, j'ai tout noté ici, explique le chauffeur d'un calme olympien, tout en collant son plan sous le nez d'Oscar. Tous les carrefours sont bloqués. Comment voulez-vous atteindre l'aéroport dans ces conditions ?

Concentré, Oscar examine attentivement l'enchevêtrement des rues.

– Allons-y ! lance-t-il tout à coup. Je vais vous dire par où vous devez passer.

QUESTION

Quel chemin Oscar doit-il emprunter pour arriver à l'aéroport ?

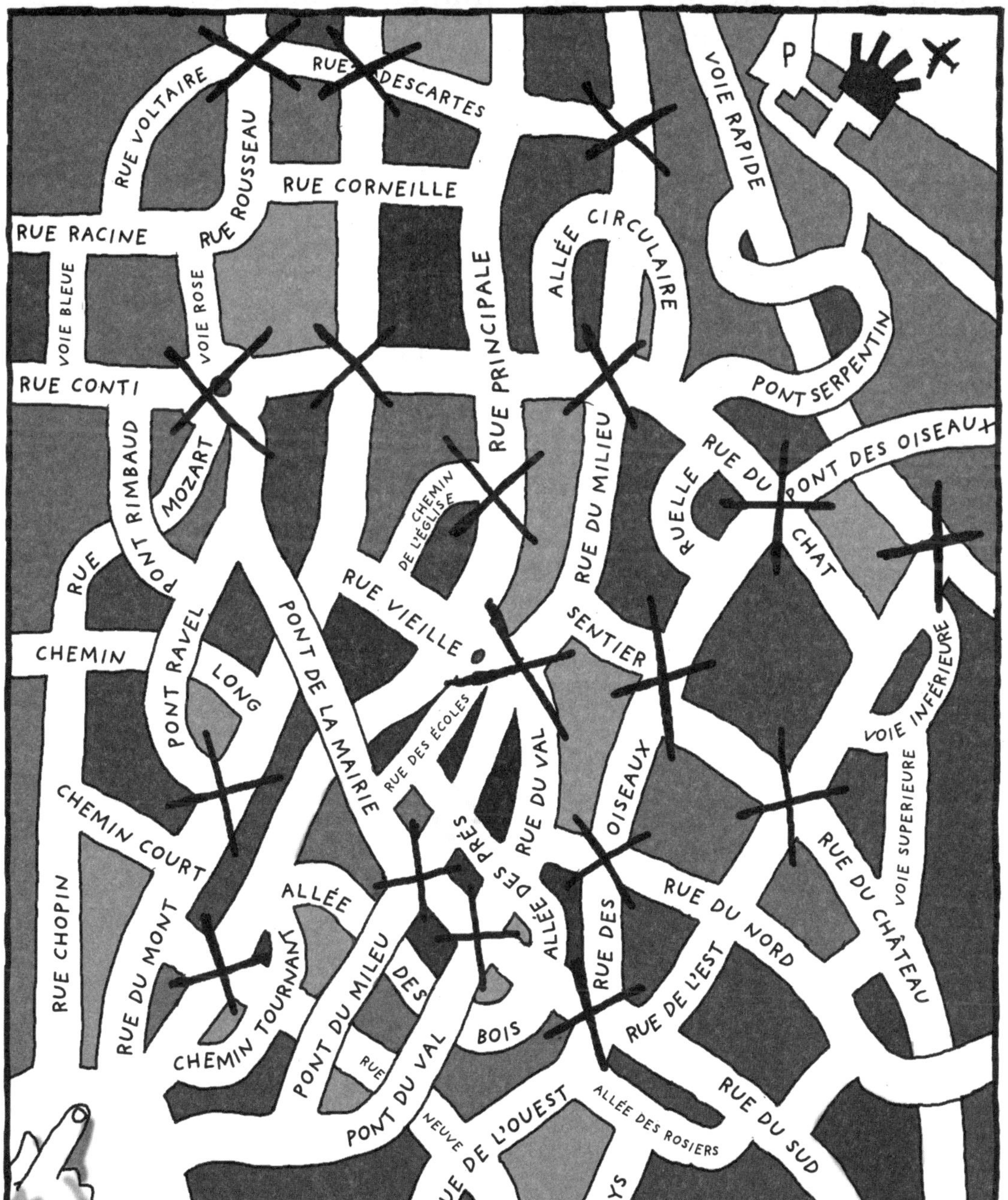
RUE VOLTAIRE
RUE DESCARTES
RUE ROUSSEAU
RUE CORNEILLE
RUE RACINE
VOIE BLEUE
VOIE ROSE
RUE CONTI
RUE PRINCIPALE
ALLÉE CIRCULAIRE
VOIE RAPIDE
P
PONT SERPENTIN
PONT RIMBAUD
MOZART
CHEMIN DE L'ÉGLISE
RUE DU MILIEU
RUELLE
RUE DU CHAT
PONT DES OISEAUX
RUE
CHEMIN
PONT RAVEL
LONG
PONT DE LA MAIRIE
RUE VIEILLE
SENTIER
VOIE INFÉRIEURE
RUE DES ÉCOLES
RUE DU VAL
OISEAUX
VOIE SUPERIEURE
CHEMIN COURT
RUE CHOPIN
RUE DU MONT
ALLÉE
DES PRÉS
ALLÉE
RUE DES
RUE DU NORD
RUE DU CHÂTEAU
CHEMIN TOURNANT
PONT DU MILEU
DES
BOIS
RUE DE L'EST
RUE
PONT DU VAL
NEUVE
RUE DE L'OUEST
ALLÉE DES ROSIERS
RUE DU SUD
LYS

3

UNE ARRIVÉE EN FANFARE

Oscar se doutait bien qu'il y aurait du monde à l'aéroport, mais il ne s'attendait pas à une telle cohue. La moindre feuille de chou de la région a envoyé un reporter couvrir l'événement, et tous attendent l'équipe avec impatience.

La grande porte coulissante s'ouvre enfin pour déverser un flot de passagers depuis le hall d'arrivée. Mais pas un seul footballeur ne se profile à l'horizon. Ceux qui s'avancent ont vraiment passé l'âge d'être sélectionnés pour un tournoi !

Tout à coup, la horde de reporters déferle en direction d'une vingtaine de personnes qui sortent du bâtiment en poussant leurs chariots à bagages. Dans le déluge de flashs qui s'ensuit, Oscar est visiblement le seul à garder son sang-froid.

Alors que tous les autres journalistes prennent une photo après l'autre et bombardent les nouveaux arrivants de questions, il observe la scène avec calme, puis lance d'un air moqueur :

– Je voudrais bien savoir quel jeu ils jouent !

QUESTION

Pourquoi Oscar dit-il cela ?

ARRIVÉE
AÉROPORT

4

LA VALSE DES CRAMPONS

La quasi-totalité des équipes a désormais rejoint la ville envahie par les supporters. Tous les hôtels des environs affichent complet et de vastes périmètres de sécurité sont constitués autour des quartiers des footballeurs. Mais Oscar, qui a plus d'un tour dans son sac, appelle son vieux copain Gaspard Tchio, le cuisinier de l'hôtel où résident les joueurs, pour lui arracher un tuyau.

– Le bus de l'équipe arrive dans une demi-heure ! lui souffle-t-il au téléphone.

Oscar se met en route sur-le-champ. Grâce à Redstar qu'il tient en laisse, il réussit à se faire passer pour un promeneur et se faufile discrètement jusqu'au parking de l'hôtel. Il tombe à pic : les bagagistes commencent tout juste à décharger. Valises, sacs et cartons s'entassent autour du bus. Oscar n'en croit pas ses yeux : pourquoi les footballeurs trimballent-ils un tel attirail ?

Concentré, il se campe derrière l'objectif, à l'affût d'un visage célèbre. En vain. À part les employés de l'hôtel qui évoluent dans ce fatras, il n'a rien à se mettre sous la dent.

Oscar peine à garder Redstar à ses côtés. À force de tirer sur sa laisse, le chien réussit à se dégager avant de disparaître au beau milieu des bagages. Peu après, Oscar entend quelqu'un proférer un chapelet d'insultes. Il comprend alors qu'il a eu tort d'amener son fidèle compagnon avec lui. C'était couru d'avance : Redstar adore les chaussures de foot !

QUESTION

Combien de chaussures Redstar a-t-il réussi à déballer du carton ?

HÔTEL
chaussures

5

OSCAR SE GLISSE EN COULISSE

Oscar a décidé d'écrire un article qui sorte de l'ordinaire. Il voudrait parler de la vie quotidienne des footballeurs, raconter comment ils sont installés, avec qui ils partagent leur chambre. Mais rien à faire : les journalistes sont tenus à l'écart de l'hôtel. Comptant à nouveau sur son ami cuisinier, Oscar frappe discrètement à l'entrée réservée aux livraisons et se faufile jusqu'aux cuisines avec l'aide de Gaspard.

– Sais-tu où dorment les joueurs ? lui demande Oscar.

– Ils ont réservé les chambres 200 à 240, murmure Gaspard, qui s'énerve tout à coup en découvrant Redstar. Bon sang Oscar, sors ton clébard de la cuisine ! Je n'ai pas envie d'avoir des problèmes avec les services sanitaires !

Un peu vexé, Oscar s'éclipse avec le chien. Il atterrit au deuxième étage où il tombe nez à nez avec les joueurs. Heureusement, son appareil photo est fin prêt, la carte mémoire vidée et les batteries chargées à bloc, ce qui lui permet de réaliser quelques portraits, ainsi qu'une photo de groupe très réussie.

À peine arrivé à son bureau, Oscar se rend compte qu'avec l'excitation, il a oublié de demander aux joueurs avec qui ils partageaient leur chambre. En maugréant, il réexamine les photos attentivement, avant de s'exclamer, soulagé :

– Ouf, la réponse se trouve sur les clichés !

1. Edgar Diendebut
2. Amédée Fanceur
3. Rémi Lieudeterin
4. Marc Oufranc
5. Luc Arne
6. Enrico Renère
7. Laurent Ouche
8. Hannibal Ocentre
9. Philippe Enalti
10. Alphonse Droideven
11. Didier Liégauche
12. Hector Jeu

QUESTION

Qui partage sa chambre avec qui ?

. . . .

1
2
208
3
4
5
6
7
8
9
10
11
12
23
20
212
240
217
19

6

UN CHAMPION TROP ZÉLÉ

Cela fait des semaines que la cérémonie d'ouverture du tournoi affiche complet. Le stade frémit d'impatience tandis que les derniers spectateurs errent dans les allées à la recherche de leur place. Une fois tout le monde installé, la cérémonie peut enfin commencer.
Oscar n'est pas assis aux premières loges car les meilleures places ont été réservées à la presse internationale. Heureusement, les organisateurs ont dressé un écran géant qui lui permet de suivre le discours d'ouverture prononcé par le président de la fédération de football. Mais tout à coup, la caméra plonge vers le public et s'arrête sur un visage qu'Oscar reconnaît immédiatement :
– Jean-Marc Plindebut, murmure-t-il, admiratif.
À ses côtés, Paul Aroïde, un confrère du journal local, opine du chef :
– Il paraît qu'il s'est foulé le poignet à force de signer des autographes.
– Le pauvre ! dit Oscar. Il ne pourra jamais jouer avec le bras emmailloté !
– Pourtant, son équipe ne peut pas se passer de lui, fait remarquer Paul qui, après avoir inspecté le public, finit par demander à son collègue : Mais où est-il donc ? Je ne peux pas partir sans prendre une photo de lui : ma fille ne me le pardonnerait jamais !
Oscar sourit : il ne lui faut que quelques secondes pour repérer le footballeur.

QUESTION

À quelle place Jean-Marc Plindebut est-il assis ?

A
B

7

DES CHIFFRES ET DES LETTRES

Après discours de bienvenue, parades et salutations en tout genre, le coup d'envoi est enfin donné. Les équipes qui disputent le match d'ouverture entrent sur le terrain et se mettent en rang pour chanter leur hymne national.

Dès les premières mesures, un silence religieux envahit le stade. C'est alors qu'Oscar se tourne vers Paul :

– Regarde, lui souffle-t-il, les joueurs de cette équipe se sont alignés dans un ordre bien précis, qui n'a pourtant rien à voir avec un classement numérique.

QUESTION

Selon quelle règle les joueurs se sont-ils placés ?

....

8

CAFOUILLAGE DANS L'ARBITRAGE

Après une première mi-temps décevante, l'arbitre siffle la reprise du jeu. Tous les spectateurs attendent le premier but avec impatience. Jusqu'à présent, aucune équipe n'a pu faire la différence. Les favoris se sont créé de belles occasions, mais n'ont pas réussi à les convertir. On aurait dit qu'ils étaient maudits. À deux reprises, un coup de tête a frôlé la barre transversale. Puis une reprise de volée dans la surface de réparation a malencontreusement fini… sur le toit du stade. Enfin, c'est un coup franc direct qui a frappé de plein fouet le poteau gauche.
Il faut attendre l'avant-dernière minute pour observer une action décisive de l'équipe adverse. L'ailier droit a réussi à se démarquer et se prépare à réceptionner la passe lobée de son coéquipier. Après un contrôle parfait, il frappe directement au but sous le regard médusé des spectateurs. Le souffle coupé, le public suit des yeux la trajectoire rectiligne du ballon qui percute la barre transversale avant de retomber au sol.
« Buuuut !!! », s'écrie la moitié du stade. « Houh ! », siffle l'autre moitié.
L'arbitre accorde finalement le but à l'équipe sans tenir compte des protestations et siffle la fin du jeu sur cette action sensationnelle.
Amer, Oscar grommelle :
– Quelle erreur impardonnable !

QUESTION

Qu'est-ce qui lui fait dire cela ?

. . . .

SAUVÉ PAR LE STICKER

Dès la fin du match d'ouverture, la presse se rue dans les vestiaires. Oscar est parmi les premiers à investir le lieu car il lui manque une accroche pour la une du journal et l'heure du bouclage approche. Une photo des vainqueurs épuisés et une première interview : voilà ce qu'il lui faut ! Mais il joue de malchance : les reporters de la télévision et de la presse nationale sont arrivés avant lui. Du fond de la salle, il comprend seulement que l'entraîneur donne une conférence de presse improvisée.
Lorsque le capitaine de l'équipe prend la parole pour faire un commentaire à chaud, tous les journalistes se mettent à prendre frénétiquement des notes :
– C'était un match à la fois beau et offensif. Sportif et loyal. Aujourd'hui, nous avons été les meilleurs et c'est ce qui nous a permis de marquer le but décisif. Mais maintenant, il faut aller de l'avant et se préparer aux prochaines rencontres.
Avec le déluge de flashs qui s'abat sur les joueurs, auquel s'ajoutent les projecteurs de l'équipe de télévision, Oscar ne parvient à distinguer que les silhouettes des footballeurs. Il lui est donc impossible de repérer le buteur qu'il avait décidé de prendre en photo. Par chance, en collectionneur passionné de vignettes de foot, il tire de sa poche un sticker à l'effigie de l'attaquant et peut ainsi le retrouver facilement.

QUESTION

Où se trouve le joueur qu'Oscar cherche à photographier ?

. . . .

Thom
Taquant

10

AUX PAS PERDUS

Oscar veut écrire un article sur les fans de foot. C'est pourquoi il a pris rendez-vous avec Martial Lélébleu, le président du club de supporters, chez qui les passionnés se rassemblent pour regarder le match.
Pour la plus grande joie de Redstar, Oscar erre déjà depuis une demi-heure dans le lotissement à la recherche de la maison de Martial, sans croiser âme qui vive. À bout de nerfs, il finit par rencontrer deux habitantes auxquelles il demande son chemin.
La première lui dit :
– Je suis certaine que Martial a mis plusieurs drapeaux dans son jardin.
– Et son portail est de la même couleur foncée que celui de son voisin de gauche, ajoute la seconde.
– Sa porte d'entrée est-elle percée d'une lucarne ? demande Oscar.
– Oui, répond la première. En revanche, je ne crois pas que Martial ait une boîte aux lettres.
– Viens, Redstar, s'écrie Oscar. Maintenant, je suis sûr que nous allons trouver notre chemin !

QUESTION

Quelle est la maison de Martial ?

....

À VENDRE

11

LES FANS SONT EN PANNE !

Les membres du fan-club des Pas Perdus répondent avec plaisir aux nombreuses questions d'Oscar. Ils se laissent facilement prendre en photo et évoquent tour à tour leurs paris : celui qui aura fait les meilleurs pronostics à l'issue du premier tour gagnera un billet pour la finale. Ils exhibent le précieux ticket avec fierté.
Au départ, Oscar est un peu étonné que la terrasse de Martial soit presque aussi équipée qu'un magasin d'électroménager. Mais, lorsque les supporters commencent à préparer des gaufres, à faire cuire des saucisses et à servir des limonades bien fraîches, il comprend pourquoi ils ont installé autant d'appareils.
Bientôt, les fans se rassemblent devant la télévision pour suivre la retransmission. Mais l'écran reste désespérément noir. Désemparés, ils tapent du poing sur le poste, sans succès.
Heureusement qu'Oscar est là, car il repère au premier coup d'œil l'origine de la panne. Pour le remercier, Martial lui offre deux grilles de mots croisés qu'il a faits lui-même sur le thème du foot.

QUESTION

Pourquoi le téléviseur refuse-t-il de s'allumer ?

12

PAPIER MÂCHÉ

Cela fait des heures qu'Oscar s'escrime en vain à écrire son article. La rédaction, qui attend le texte de toute urgence, l'a déjà appelé deux fois. Mais il a du mal à avancer. Redstar commence aussi à perdre patience. Assis devant lui, il réclame sa pâtée et sa promenade du soir.
De plus en plus stressé, Oscar a du mal à rassembler ses idées. Le but a-t-il été marqué à la trente-quatrième ou à la quarante-quatrième minute ? Et puis, à quel moment le défenseur a-t-il commis la faute grossière qui lui a valu un carton rouge ? Il a bien dû noter tout cela quelque part !
Au fond de la poche de son pantalon, il retrouve un bout de papier complètement froissé qu'il déplie délicatement. Mais Redstar, affamé, s'en saisit au passage, croyant qu'il s'agit d'un bout de sandwich.

Lorsque Oscar parvient enfin à récupérer ses notes, il n'en reste plus que des lambeaux. Malgré tout, il finit par retrouver la minute à laquelle l'arbitre a donné le carton rouge.

QUESTION

À quel moment l'arbitre a-t-il sifflé la faute ?

. . . .

13

MAUVAISE PIOCHE

De bonne humeur, Oscar flâne en centre-ville avec Redstar. Comme il n'y a pas de match aujourd'hui, il a décidé d'aller faire un tour dans la boutique des supporters. Malgré les aboiements insistants du chien, il l'attache à l'entrée du magasin plein à craquer : des touristes venus du monde entier sont à la recherche d'un objet qu'ils pourront ramener chez eux en souvenir du tournoi.

Passant la boutique en revue, Oscar s'arrête devant un présentoir où se trouvent des vignettes de football. En collectionneur passionné, il s'empresse d'acheter quelques pochettes qu'il déchire vivement pour en examiner le contenu. Après avoir regardé les images, il s'exclame, ravi :

– Quelle agréable surprise ! Ce paquet contient les photos les plus rares, même celle de Jean-Marc Plindebut, qui est introuvable à présent !

Le vendeur sourit.

– Vous avez de la chance, dit-il. Nous venons à peine de les recevoir : c'est un représentant qui nous les a vendues hier en fin d'après-midi.

En fin d'après-midi ? Ce détail éveille la méfiance d'Oscar, qui sort de sa poche les vignettes qu'il a déjà en sa possession et les pose sur la table pour vérifier si ses soupçons sont fondés.

– J'espère que vous ne les avez pas payées trop cher, souffle-t-il au vendeur. Car il s'agit de contrefaçons, à une exception près.

QUESTION

Quelle est la vignette qui n'a pas été contrefaite ?

....

0,99
6,99
0,99
3,99
José Ropointé
Felipé
Nicolas
Ronald Dino
Jean-Marc Plindebut
Raphaël Hiédroy
Alphonse Droideven
Dimitri Zlebalon
Alain Batable
Vignettes d'Oscar
Nalty
Alain Batable
Nicolas Vancent
Dimitri Zlebalon
Ronald Dino
Gaël Ibero
Pietro Dlabal
Raphaël Hiédroy

14

REDSTAR NE RESTE PAS DE GLACE

Il fait un temps radieux aujourd'hui et les terrasses des cafés sont pleines à craquer. Dans cette atmosphère estivale, Oscar ne peut résister à la tentation d'aller manger une glace Au Sorbet Givré.
C'est avec étonnement qu'il découvre les spécialités du glacier : cornet Pélé, coupe Beckham, esquimau Ronaldo…
– Je me demande ce qui peut bien se cacher derrière la spécialité du jour, se demande Oscar, tandis que Redstar se pourlèche les babines devant le comptoir.
En fait, le sorbet Maradona se présente sous la forme d'une boule noire et blanche servie dans un cornet. Oscar goûte la spécialité du bout des lèvres. Beurk ! Réglisse et citron : ce n'est vraiment pas le mélange du siècle !
D'un geste résolu, Oscar se débarrasse de la glace dans le buisson le plus proche. Tout aussi résolu, Redstar s'élance à sa poursuite et n'en fait qu'une bouchée.
– Tu sais, Redstar, lui dit Oscar. J'ai l'impression que ce glacier cherche par tous les moyens à tirer profit du tournoi. Malheureusement, il s'y connaît aussi peu en football qu'en assortiment de parfums.

QUESTION

Pourquoi Oscar pense-t-il que le glacier ne connaît rien au foot ?

. . . .

Au Sorbet Givré
Coupe FIFA
3 boules + chantilly
Coupe UEVA
4 boules + chocolat fondu
OFFRES SPÉCIALES
Cake Thuram
0,50 €
Prix Spécial
Cornet Nadal
carte des glaces
Cornet Pelé 3 €
Coupe Beckham 3 €
Ribéri split 3 €
Tranche Benzema 4 €
Cône Toni Luca 4 €
Esquimau Ronaldo 5 €
Sorbet Madonna 5 €
Melba Anelka 5 €
Tranche Materazzi 5
Bâtonnet Trezéguet 6 €
AUJOURD'HUI
Sorbet Maradona
2,50 €
Spécialité de la maison
4
Coupe Zidane 2 €
Sorbet Ballack 2 €
carte des glaces
Cône Johnny Depp
3 €

15

LES JOUEURS TOURNENT EN ROND

Il règne sur la place du marché une atmosphère de fête. L'enthousiasme pour le tournoi a gagné jusqu'aux plus réfractaires. Tous ont paré de drapeaux leurs voitures, leurs vélos, et même leurs poussettes ! Les rues de la ville vibrent au rythme des supporters étrangers. On voit même quelques footballeurs profiter de leur temps libre pour se détendre un peu avant les quarts de finale.

En se promenant, Oscar tombe sur une équipe au grand complet. Comme il s'agit de joueurs étrangers, Oscar peine autant à les comprendre qu'à se faire comprendre d'eux. Apparemment, les footballeurs n'arrivent pas à retrouver leur hôtel malgré le plan qu'ils ont dessiné avant de partir. En regardant autour de lui, Oscar réussit rapidement à trouver l'immeuble qu'ils ont marqué d'une croix sur leur croquis.

QUESTION

Quel est l'immeuble qui abrite l'hôtel ?

. . . .

16

PANIQUE DANS LA TACTIQUE

L'appareil photo dans une main, une bouteille d'huile de truffe dans l'autre, Oscar s'en va trouver Gaspard, le cuisinier. Il a prévu d'offrir cette huile raffinée à son ami pour qu'il l'aide une nouvelle fois à pénétrer dans l'hôtel des joueurs, placé sous haute surveillance. L'enjeu est d'importance : une séance tactique se tient aujourd'hui dans la salle de conférence du quatrième étage et, si Oscar réussit à y assister en exclusivité, son article fera sensation !

Tout se passe exactement comme Oscar l'avait prévu. Amadoué par le présent, Gaspard l'entraîne à l'étage et propose un marché au capitaine : s'il accepte de convier le journaliste à la séance, le chef régalera toute l'équipe de son fameux homard au champagne !

La proposition alléchante est acceptée avec enthousiasme. Pour aller à l'essentiel, l'entraîneur décide de dévoiler d'emblée le schéma tactique. Malheureusement, il n'arrive plus à retrouver la feuille sur laquelle il l'avait consigné et que, par précaution, il avait marquée d'une grande croix.

En découvrant le document égaré, Oscar se félicite de ne pas avoir amené Redstar :

– Il l'aurait sûrement dévoré en entier à l'heure qu'il est !

QUESTION

Où se trouve la feuille que cherche l'entraîneur ?

ATTAQUER !
4-3-3
se démarquer
conserver
le ballon
Rester
en défense
4-4-2

17

LE CASSE-TÊTE DES SERVIETTES

Gaspard, qui n'a qu'une parole, invite comme promis l'ensemble de l'équipe à déguster sa spécialité. L'après-midi, les joueurs ont suivi une session d'entraînement supplémentaire pour pouvoir profiter pleinement du délicieux festin qui leur a été préparé. Leur appétit est d'autant plus grand.

Gaspard est fin prêt : les crustacés attendent au frais tandis que la sauce au champagne mijote à petit feu. Il s'apprête à dresser la grande table ronde lorsque Oscar fait son apparition :

– J'espère que tu as prévu une petite part pour moi, lui lance-t-il, confiant. D'un air absent, Gaspard secoue la tête tout en considérant une boîte débordant de serviettes aux motifs variés.
– J'avais pensé disposer les serviettes de manière à ne pas avoir le même motif côte à côte, ni face à face, explique-t-il. Mais à présent, je ne sais plus de combien de modèles différents j'ai besoin.
Oscar observe la table de fête.
– Tu as dressé le couvert pour douze personnes, n'est-ce pas ? s'enquiert-il.
Gaspard hoche la tête :
– Onze joueurs et l'entraîneur, précise-t-il.
Oscar éclate de rire et lui fait la proposition suivante :
– Si je te donne la réponse, peut-être me réserveras-tu une petite assiette !

QUESTION

Quel est le nombre minimum de motifs dont Gaspard a besoin pour décorer la table ?

....

18

GARE AUX TIRE-AU-FLANC !

Oscar sort son portable. Il appelle le journal pour dicter rapidement son article et clore enfin sa journée de travail. Mais la rédaction est en effervescence car la page des sports est encore à moitié vide. Oscar doit de toute urgence envoyer une photo supplémentaire.

– Je te laisse carte blanche : tout ce que je veux, c'est qu'il y ait des footballeurs dessus ! lui lance son chef de service.

En soupirant, Oscar enfourne un nouveau jeu de batteries dans son appareil photo. Il prend Redstar en laisse et se rend dans une célèbre salle de musculation de la ville où il trouve par chance une équipe scandinave en plein entraînement. Oscar demande aux joueurs de se mettre en rang pour faire une photo de groupe et prend rapidement quelques clichés.

Au journal, ses collègues sont admiratifs. Satisfait, le rédacteur en chef lui donne une tape amicale sur l'épaule et s'exclame :

– Ces footballeurs m'ont tout l'air de ne pas avoir ménagé leurs efforts !

– J'ai pourtant l'impression que certains se sont plus ménagés que d'autres ! observe Oscar d'un air énigmatique.

QUESTION

Qu'est-ce qui lui fait dire cela ?

SÉSAME, OUVRE-TOI !

Oscar a obtenu l'autorisation d'assister à la séance d'entraînement du tenant du titre ! Malgré une légère bruine et de violentes rafales de vent, les joueurs restent étonnamment concentrés. Ils s'échauffent tout d'abord pour se mettre en condition physique, puis commencent à travailler les situations de jeu, avant de s'exercer à tirer au but.

Le médecin de l'équipe ne les quitte pas des yeux : il doit à tout prix éviter que l'un d'eux finisse avec le tendon déchiré ou les bronches congestionnées. Car les matchs éliminatoires commencent dès demain. Les footballeurs doivent donc être au meilleur de leur forme.

Oscar regarde sa montre : cela fait maintenant près de deux heures que l'entraînement a commencé. L'entraîneur siffle enfin la fin de la séance.

– C'est bon, vous pouvez aller vous changer ! Après, le masseur s'occupera de vous, annonce-t-il aux joueurs.

Oscar trouve l'entraîneur planté devant la porte des vestiaires : il n'arrive pas à se souvenir du code qui permet d'ouvrir la serrure électronique. Se rappelant tout à coup que le surveillant du terrain le lui avait noté, il finit par tirer de sa poche un petit bout de papier humide.

– Oh île isolée, lit-il à haute voix. Qu'est-ce que cela peut bien vouloir dire ?

Toute l'équipe marmonne, impatiente d'aller se mettre à l'abri. Heureusement, grâce aux conseils avisés d'Oscar, l'entraîneur parvient à lire correctement le message.

QUESTION

Quel code l'entraîneur doit-il taper pour ouvrir la porte ?

. . . .

20

QUELLE DOUCHE FROIDE !

Oscar s'apprête à quitter le terrain d'entraînement lorsqu'un appel retentit de l'autre extrémité du stade :
– À l'aide ! Au sabotage !
Le cri vient des vestiaires. Aussitôt, Oscar revient en courant sur ses pas et enfonce la porte, imaginant le pire : une prise d'otage, un enlèvement...
Mais il se retrouve simplement face au masseur de l'équipe qui est dans tous ses états :
– Il n'y a que de l'eau froide ! Alors que je viens d'envoyer les joueurs prendre leur douche ! Quelqu'un a dû bloquer l'arrivée d'eau chaude pour que mes gars prennent froid.
Pendant que l'équipe claque des dents et que le masseur continue à s'égosiller, Oscar décide d'examiner les canalisations. Il identifie rapidement le problème et, après quelques manipulations, parvient à faire jaillir des douches une eau délicieusement chaude.

QUESTION

À quelles manipulations Oscar a-t-il procédé ?

FROID
CHAUD
ROBINETS
D'ARRÊT
1 = Ouvert
2 = Fermé
1
2
3
4
5
6
7
8
9
10
11
12
13
14
15
16
17
18
19

PAS DE QUARTIERS POUR LES HOOLIGANS

Il est quasiment impossible de monter dans le tramway bondé qui conduit au stade car des milliers de fans sont déjà en route pour assister au premier match des quarts de finale. La plupart d'entre eux sont affublés de perruques ou de chapeaux multicolores et leur visage est peint aux couleurs de l'équipe qu'ils viennent encourager.
Oscar presse le pas pour arriver à l'heure car il a promis d'aider son ami Gaston Nepaspa. Gaston, qui fait partie du personnel de sécurité du stade, est chargé de filtrer les entrées. Or le bruit court que certains hooligans veulent s'introduire dans le stade aujourd'hui. Gaston compte donc sur les talents d'observateur d'Oscar pour repérer les supporters indésirables dans le flot des visiteurs et il tend à son ami un bout de papier sur lequel il a rapidement dessiné le visage des personnes qu'il recherche.
– Tu devrais suivre un cours de dessin ! plaisante Oscar en découvrant l'œuvre de Gaspard.
Le croquis approximatif lui permet malgré tout d'identifier cinq dangereux supporters.

QUESTION

Où les cinq hooligans se cachent-ils ?

ENTRÉE EST

MAUDIT TUNNEL !

Le premier match des quarts de finale est sur le point de commencer. Oscar se tient dans le tunnel qui relie les vestiaires au terrain car il s'est fixé pour tâche de réaliser une série de photos avant et après le match. Les footballeurs commencent à sortir les uns derrière les autres. Chacun à leur tour, ils se plient à un rituel singulier censé leur porter bonheur pendant le jeu. Le gardien lance le ballon en courant contre le mur. Le joueur qui porte le numéro 5 prononce une courte prière. Il ne reste plus que le capitaine de l'équipe, qui regarde le sol d'un air désemparé.

– Normalement, j'ai pour principe de ne jamais marcher sur des carreaux qui ont plus d'un triangle de couleur avant de rentrer sur le terrain, explique-t-il à Oscar. Mais là, je ne sais pas comment faire.

Après quelques instants de réflexion, Oscar finit par désigner au capitaine le chemin qu'il doit suivre.

QUESTION

Quel chemin le capitaine d'équipe doit-il suivre ?

....

23

UNE FIANCÉE TIRÉE À QUATRE ÉPINGLES

C'est aujourd'hui qu'arrivent les compagnes des footballeurs. Aussi tous les journalistes se retrouvent-ils à nouveau à l'aéroport. Depuis des heures, le hall d'arrivée ressemble à une rédaction en effervescence où certains téléphonent, tandis que d'autres tapent frénétiquement sur leurs ordinateurs portables. Dans un tel brouhaha, il est impossible de s'entendre parler. Oscar est donc obligé de sortir de l'aéroport pour prendre l'appel de sa secrétaire de rédaction.

– Nous avons programmé une interview avec la compagne de l'un des joueurs, lui dit-elle.

– Parfait ! répond Oscar. De qui s'agit-il ?

– C'est la fiancée du goal, explique la secrétaire.

– Hum… Oscar se gratte la tête.

De quoi a-t-elle l'air ?

À sa plus grande surprise, la secrétaire est tout à fait en mesure de répondre à la question.
– Elle est jeune, mince et blonde, indique-t-elle.
– Ça, elles le sont toutes, objecte Oscar.
– Oui, mais celle-ci a les cheveux raides. Elle adore les carreaux et déteste les rayures. Elle porte des bottes et ne met que des jupes. Enfin, elle ne sort jamais sans lunettes de soleil.
Lorsque les portes s'ouvrent enfin et que les dames sortent de l'aéroport, Oscar voit tout de suite de qui il s'agit.

QUESTION

Quelle personne Oscar doit-il interviewer ?

24

OSCAR FAIT CHOU BLANC

Depuis le début du tournoi, les projections publiques font un tabac. C'est là que se rassemblent tous ceux qui n'ont pas réussi à dégoter un billet pour le match.
Ce dimanche, des milliers de fans ont décidé de partager leur passion pour le foot autour de l'écran géant. En tant que journaliste, Oscar aurait pu accéder au stade sans problème. Mais cette fois, il a choisi de regarder le match avec les supporters afin de restituer dans un reportage de fond l'atmosphère de liesse qui règne sur le tournoi.
Cette décision s'avère d'autant plus judicieuse qu'Oscar aperçoit par hasard le manager de Ronald Dino au beau milieu de la foule. Il décide donc de sauter sur l'occasion pour solliciter une interview du footballeur. Malheureusement, l'agent laisse peu d'espoir à Oscar.
– Comme vous le savez, Ronald Dino est actuellement sur le terrain, explique-t-il. De plus, il a prévu de passer trois jours avec sa petite amie, qui est arrivée avant-hier. Le mardi et le mercredi, il doit suivre deux sessions d'entraînement spéciales. Vendredi, il joue à nouveau. Et jeudi, il participe à une séance photo dans le cadre d'une campagne de publicité. Vous voyez, Ronald Dino n'a plus un jour de libre !
Énervé, Oscar prend rapidement congé du manager. À force d'écouter les mensonges de cet énergumène antipathique, il a failli rater le début du match !

QUESTION

À quel moment l'agent de Ronald Dino a-t-il menti ?

BIEN VU, L'ARBITRE !

Aujourd'hui, ce sont les Bleus qui jouent, l'équipe préférée d'Oscar. Si tout se passe bien, elle a de grandes chances d'arriver en demi-finale.
Les spectateurs assistent à un jeu de très grande qualité, où alternent passes sublimes et enchaînements de génie. À la mi-temps, les deux équipes sont à égalité, bien que les Bleus aient légèrement dominé le match.
À la 78e minute, les Bleus attaquent à nouveau, provoquant le désordre dans la surface de réparation adverse. Sur un centre venant de la droite, six joueurs s'élancent au même moment, les uns cherchant à dégager le ballon, les autres à le loger dans le but. Dans la confusion la plus totale, la balle est finalement renvoyée vers le milieu du terrain.
– Main ! s'écrie Paul, le confrère d'Oscar, avant de prendre l'arbitre à partie. Tu n'as pas vu la faute, espèce de nul ? Il y a penalty pour les Bleus !
Des rangées voisines retentissent cris et sifflets en faveur du penalty. Le stade est en feu ! Mais l'arbitre n'intervient pas pour autant.
Oscar secoue la tête et tente d'apaiser son confrère :
– Calme-toi, maintenant ! lui dit-il. L'arbitre a pris la bonne décision.

QUESTION

Pourquoi l'arbitre n'a-t-il pas sifflé ?

. . . .

REDSTAR FAIT ENCORE DES SIENNES

Parmi ses relations, Oscar compte aussi Nicolas Vetout, qui fait partie du personnel d'entretien du stade et s'occupe plus précisément des vestiaires. Comme Oscar lui a rendu service à plusieurs reprises, Nicolas a accepté de lui confier la clef des vestiaires pour que le reporteur puisse examiner de près l'équipement des joueurs, et en particulier leurs chaussures. Quelle marque portent-ils ? S'agit-il de fabrications en série ou de modèles sur mesure ? Ont-ils opté pour l'*hybrid power pulse* ou le *super grip control* ? Tout cela aiguise vivement sa curiosité.
Redstar est encore plus curieux que lui. À peine arrivé dans les vestiaires, Oscar n'arrive plus à tenir son fidèle compagnon. Le chien se rue sur les crampons comme s'il n'avait jamais rien reniflé de meilleur, puis se met à les traîner à travers la pièce avant de les lancer en l'air. Oscar parvient tout de même à intervenir avant qu'il ne commence à les mordiller.
Depuis la porte où son maître l'a attaché pour le punir, Redstar observe Oscar qui rassemble les chaussures afin de les ranger par paire. À la fin, Oscar se retrouve malgré tout avec un crampon isolé sur les bras.

QUESTION

De quelle chaussure s'agit-il ?

27

AU VOLEUR !

Le rendez-vous est fixé depuis plusieurs jours : c'est cet après-midi que démarre la séance de dédicaces, à trois heures précises. Alors qu'une partie des supporters s'entasse devant la barrière de sécurité, en proie à une excitation sans pareille, d'autres font patiemment la queue depuis des heures.

Enfin, la séance démarre. Les supporters tendent maillots, photos et ballons aux footballeurs pour qu'ils y déposent leur signature. Les pauvres joueurs ne savent plus où donner de la tête. Dans l'effervescence générale, Oscar réussit à prendre quelques clichés sur le vif très réussis.

Un fan semble avoir profité de la cohue pour subtiliser la mascotte de l'équipe. Désemparés, les footballeurs regardent le coussin désespérément vide où quelques minutes auparavant se dressait un lapin en peluche.

Oscar est le seul à garder son calme dans le désarroi général. Balayant la foule de son regard perçant, il parvient rapidement à débusquer le voleur.

QUESTION

Par où le voleur s'est-il enfui ?

28

QUI A PERDU SON MAILLOT ?

Il pleut des cordes. À grandes foulées, Oscar court s'abriter. Un éclair illumine le terrain désert, tel un projecteur, et, sans se faire attendre, le tonnerre retentit à sa suite. C'est ainsi que, d'un instant à l'autre, une chaude journée d'été peut finir en orage.
Tout en essayant de se protéger de la pluie avec sa sacoche, Oscar voit quelqu'un venir vers lui en courant. C'est Jean Tacetou, l'assistant de l'entraîneur, qui s'efforce de tenir en équilibre la montagne de sacs en plastique qu'il porte à bout de bras sous la pluie.
– Hé, Oscar ! appelle-t-il. Tu peux me donner un coup de main ? Prends vite la clef qui se trouve dans la poche de mon pantalon et ouvre la porte !
Oscar réagit sur-le-champ. Avant même que les sacs aient commencé à glisser, la porte est ouverte et Jean et lui sont à l'abri.
– Qu'y a-t-il donc dans tous ces sacs ? lui demande Oscar.
Jean vide le contenu sur la table.
– Des maillots, répond-il. Un tas de maillots.
Il les compte un par un et se met à pester :
– Bon sang ! J'ai bien peur d'en avoir oublié un. Si seulement je savais lequel…
Oscar jette un œil à la liste des joueurs que Jean tient dans la main.
– Je peux t'aider si tu veux, lui propose-t-il.
En effet, il lui faut peu de temps pour trouver le joueur dont le maillot fait défaut.

— QUESTION —

De qui s'agit-il ?

1. Lefort
2. Petit
3. Courtois
4. Joly
5. Gentil
6. Minus
7. Legrand
8. Dugros
9. Lebeau
10. Futé
11. Lelay
12. Oster
13. Malpoli
14. Kosto
15. Abil
16. Degourdy
17. Boutantrin
18. Kasbombon
KASBOMBON
MINUS
PETIT
BOUTANTRIN
DEGOURDY

29

UN TEXTO QUI TOMBE À PIC

En temps normal, Oscar suit le match à l'arrière des buts, comme les autres photographes. Mais cette fois-ci, Paul a réussi à dégoter des places bien meilleures pour leur éviter les bousculades.
Avant de le rejoindre, Oscar devait emmener Redstar faire un petit tour. Comme il déposait le chien au Sorbet Givré le temps de la rencontre, il en a profité pour y prendre son déjeuner, sous la forme de deux coupes des champions.
Oscar est maintenant au pied des gradins, qu'il parcourt du regard. C'est trop bête, il n'arrive à trouver ni son confrère ni la place que ce dernier a retenue pour lui. Tout à coup, son portable bipe : c'est Paul qui lui envoie un texto ! – Slt ! G 10 ranG 2van é 6 siéj a ma droit. Ta plas é a ma goch en diag 2 la miN 3 ranG + bas. A +.
Grâce à ces précieuses indications, Oscar réussit à trouver en moins de deux minutes la place qu'Oscar lui a réservée.

QUESTION

Où se trouve la place d'Oscar ?

30

QUEL SACRÉ NUMÉRO !

C'est la première demi-finale. Tout le monde s'attendait à un grand moment de football. Mais le match est désespérément plat et les deux équipes jouent en défense. À la reprise, le score est toujours de zéro à zéro. Accablé d'ennui, Oscar contemple le terrain :

– Si personne ne marque, je me demande ce que je vais bien pouvoir raconter sur ce match, soupire-t-il.

Tout à coup, une action semble enfin s'amorcer au centre du terrain. Plusieurs joueurs se disputent le ballon. Dribbles et passes se succèdent alors à la plus grande joie des supporters. L'ambiance commence à monter dans le stade. Les spectateurs sont au comble de l'excitation : ils sautent et se balancent sur leurs sièges tout en poussant des cris d'encouragement.

Oscar ne voit plus rien. Juste à ce moment-là, l'arbitre siffle en levant le bras. C'est un coup franc ! Oscar soupire : il n'a pas du tout suivi ce qui vient de se passer !

Il se renseigne auprès de ses voisins, espérant en apprendre davantage.

– Il y a eu une grosse faute, explique le premier.

– C'est exact, ajoute le deuxième. Du numéro 13.

– Pas du tout, c'était le numéro 18 ! rétorque le premier.

En proie à la confusion la plus totale, Oscar ne sait lequel des deux croire… jusqu'à ce qu'il regarde à nouveau le terrain !

– Maintenant, je sais qui a commis la faute, se dit-il en souriant.

QUESTION

Lequel des deux spectateurs faut-il croire ?

31

UN MATCH SENS DESSUS DESSOUS

Aujourd'hui, les spectateurs ont droit à un match de très haut niveau. Les deux équipes qui s'affrontent au cours de la seconde demi-finale sont pour l'instant à égalité, mais chacune a fermement l'intention de sortir victorieuse de la rencontre. Les joueurs sont bien décidés à donner le meilleur d'eux-mêmes pour accéder en finale.
Le numéro 3 récupère la balle. Il dribble deux joueurs adverses et passe le ballon au numéro 9. Ce dernier le transmet ensuite au numéro 8 qui, d'un retourné acrobatique, frappe directement au but.
« Impossible d'arrêter ce tir », se dit Oscar.
Pourtant, le ballon rebondit vers l'intérieur du terrain : il a heurté le poteau ! Le défenseur en profite pour le dégager et mettre fin à l'attaque.
Enthousiasmé par le jeu, Oscar prend une photo après l'autre. Dès la fin du match, il se précipite à son bureau pour charger les images sur son ordinateur avant le bouclage.
– Tes photos sont excellentes, Oscar, le félicite son chef. Mais dans quel ordre faut-il les regarder ?

QUESTION

Dans quel ordre les photos ont-elles été prises ?

2
3
4
5
6
7

32

UN SECRET BIEN GARDÉ

Oscar se rend au Sorbet Givré. Il a plu à verse toute la matinée et, lorsqu'il monte dans le tramway, une bruine légère succède à la pluie. Quand il en descend, une demi-heure plus tard, le soleil brille à nouveau. Oscar ne parvient pas à se réchauffer pour autant. Il est de mauvaise humeur depuis le début de la journée. Demain, les Bleus ont programmé un dernier entraînement à huis clos avant la finale. Il aimerait bien s'y introduire discrètement, mais il n'arrive à en connaître ni le lieu ni l'heure.
Il lui reste un dernier espoir : soutirer l'information aux journalistes radio qui se retrouvent souvent au Sorbet Givré et sont toujours au courant de tout. Oscar a deviné juste : ils sont en train de siroter un café au comptoir.
Malheureusement, lorsque Oscar les interroge sur l'entraînement, ils refusent de vendre la mèche.
– Allez, laisse-nous tranquilles ! Nous venons juste d'arriver et nous devons discuter de quelque chose, lui dit le petit gros.
– Ça m'étonnerait ! rétorque Oscar. Toi en tout cas, cela fait un moment que tu es assis ici. Ton collègue à la veste à carreaux est arrivé ensuite. Et le grand blond s'est assis au comptoir le dernier.
Les trois reporters sont bluffés.

QUESTION

Comment Oscar a-t-il deviné tout ça ?

Au Sorbet
Givré

33

ÉCHANGE DE BONS PROCÉDÉS

Il paraît que le sélectionneur veut profiter du dernier entraînement pour modifier le schéma tactique. Raison de plus pour trouver à quelle heure il doit commencer. Cela fait déjà un quart d'heure qu'Oscar essaie de faire cracher le morceau à ses confrères de la radio. Mais tous les moyens de persuasion qu'il a employés jusqu'ici sont restés vains. Les deux tournées de coupe Pelé qu'il leur a offertes n'ont pas eu plus de succès.

– Ne pourriez-vous pas me donner au moins un tuyau ? les supplie-t-il.

D'un air volontairement dégagé, il finit par sortir des vignettes de football de la poche de sa veste et commence à les classer. Une lueur apparaît tout à coup dans les yeux des journalistes.

– Tu n'aurais pas l'image de Jean-Marc Plindebut par hasard ? lui demandent-ils.

Oscar hoche la tête : c'est sa carte la plus précieuse.

– Ça vaudrait bien un tuyau, ajoute le grand blond.

Oscar réfléchit un instant, avant de poser lentement la carte sur la table.

– Attention, nous n'avons pas le droit de trahir le secret, précise le grand blond. Mais je peux quand même te dire une chose : dans quatre heures, il sera deux fois plus tard qu'une heure après le début de l'entraînement.

Oscar fronce tout d'abord les sourcils d'un air interrogatif, mais il finit par comprendre. Maintenant, il connaît au moins l'heure de l'entraînement.

QUESTION

À quelle heure l'entraînement doit-il commencer ?

....

OUVERT
GOLDST
Au Sorbet Givré

34

UNE DÉCOUVERTE INESPÉRÉE

Oscar est inquiet. À deux jours de la finale, il n'a pas de quoi écrire le moindre article : impossible de décrocher une nouvelle interview ou de publier un énième reportage sur la vie privée des stars du football. Il lui faudrait un scoop, quelque chose qu'on ne puisse pas lire dans n'importe quelle feuille de chou. Si seulement il savait où se déroulait cet entraînement secret, il pourrait écrire un article sur la forme des joueurs, illustré de quelques photos. Après réflexion, il conclut : « Comme tout le monde surveille de près les stades de la ville, l'entraînement est forcément organisé ailleurs. »

Il décide de faire une dernière tentative pour trouver le lieu de l'entraînement. Prenant Redstar en laisse, il entame une petite promenade qui l'amène jusqu'à l'arrière-cour de l'hôtel où sont hébergés les joueurs. Il s'arrête devant les poubelles parfaitement alignées contre le mur. Pendant que Redstar en renifle la partie inférieure, Oscar fouille discrètement le contenu des conteneurs. Mais il ne découvre rien d'intéressant.

C'est alors que son regard tombe sur un bout de papier roulé en boule, qui s'avère être une véritable mine d'or : il porte en effet la mention « Centre d'entraînement », suivie d'une série d'indications kilométriques. Oscar file chez lui à toute vitesse, tirant le chien derrière lui. Une fois arrivé, il fouille dans son armoire pour en extraire une carte routière qu'il examine attentivement. Au bout de quelques minutes, il a trouvé le lieu de l'entraînement !

QUESTION

À quel endroit l'entraînement aura-t-il lieu ?

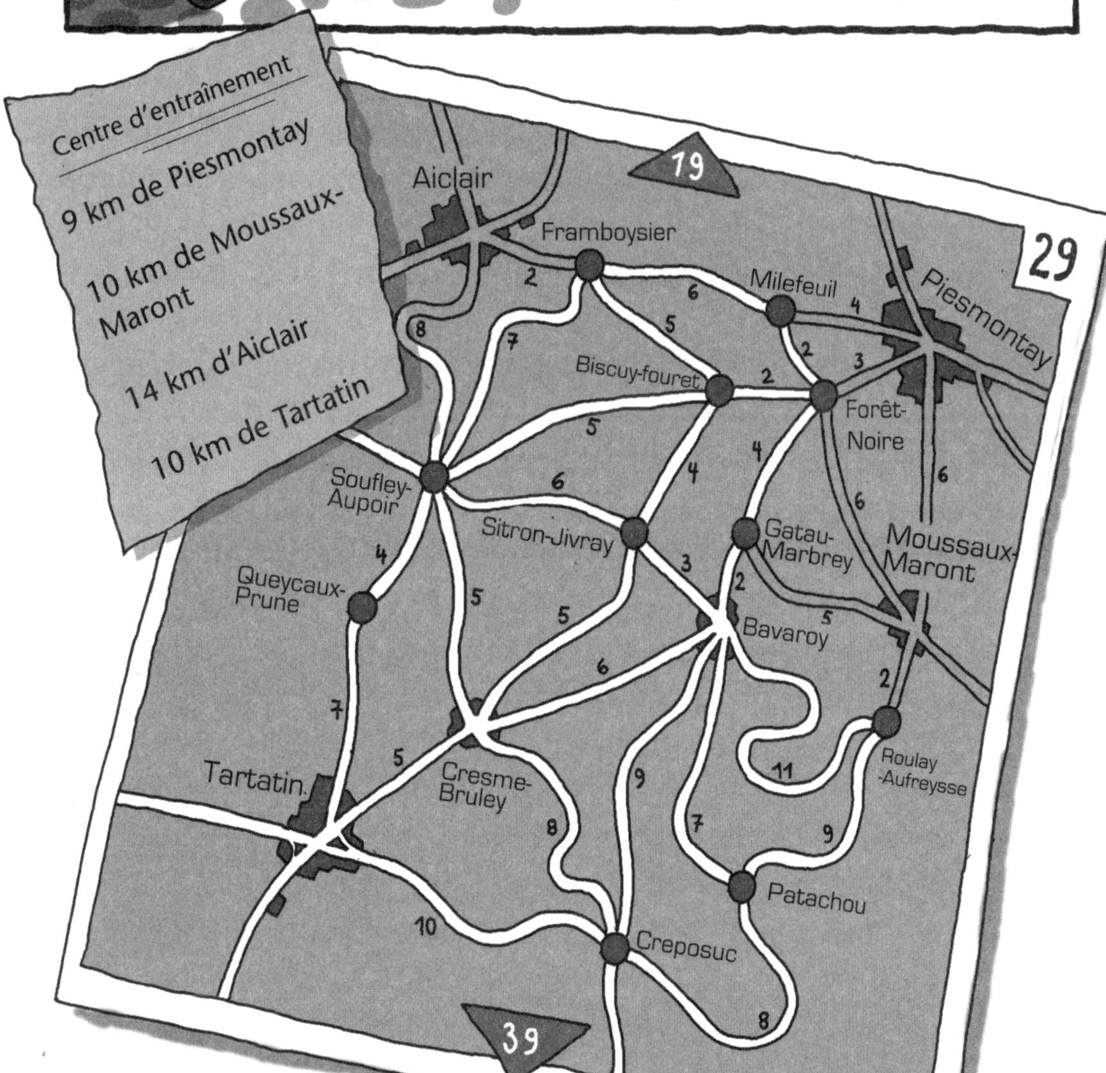
Centre d'entraînement
9 km de Piesmontay
10 km de Moussaux-Maront
14 km d'Aiclair
10 km de Tartatin
79
29
39
Aiclair
Framboysier
Milefeuil
Piesmontay
Biscuy-fouret
Forêt-Noire
Soufley-Aupoir
Sitron-Jivray
Gatau-Marbrey
Moussaux-Maront
Queycaux-Prune
Bavaroy
Roulay-Aufreysse
Tartatin
Cresme-Bruley
Patachou
Creposuc
3
= 3 kilomètres

35

SCOOP À L'ENTRAÎNEMENT

Sans faire de bruit, Oscar glisse discrètement de sa voiture pour atteindre une haie haute et touffue. Redstar le suit en trottant. Oscar lui a formellement interdit d'aboyer car cette clôture dissimule les favoris qui ont décidé de s'entraîner à l'écart du public.

– Je suis le seul à avoir trouvé l'endroit ! se félicite Oscar. (Il regarde avec précaution à travers les branches.) J'espère qu'ils ne vont pas s'en tenir à quelques pompes !

Il a de la chance : l'équipe est en train de travailler le hors-jeu et ce genre d'exercices donne toujours de très belles photos.

– Ils continuent malgré tout à jouer sans leur star, murmure Oscar en sortant son appareil photo.

En effet, le numéro 12, Jean-Marc Plindebut, est assis sur le banc, le bras emmailloté.

– Apparemment, il ne s'est toujours pas remis de sa foulure.

Avec précaution, Oscar se faufile le long de la haie, à la recherche d'un endroit clairsemé de l'autre côté du terrain. Au comble de l'excitation, il prend une photo après l'autre : il a rarement assisté à d'aussi belles séquences de jeu.

– L'équipe se débrouille de mieux en mieux, constate-t-il, admiratif.

Étonné, il examine le terrain de plus près.

– Maintenant, je comprends mieux pourquoi cet entraînement était strictement confidentiel, conclut-il.

QUESTION

Quel est le secret qu'Oscar a percé à jour ?

36

DÉGAGEZ LA ROUTE !

Le jour de la finale est enfin arrivé ! Avant d'aller au stade, Oscar veut prendre une photo du bus des Bleus au départ de l'hôtel. Il l'appellera « la haie d'honneur des supporters » car les fans se sont postés de part et d'autre de la rue pour acclamer les joueurs à leur passage.
Comme il est en retard, Oscar se rend à l'hôtel au pas de course, à la plus grande joie de Redstar. Quasiment à bout de souffle, il n'est pas mécontent lorsqu'un policier l'arrête :
– Halte là, jeune homme ! Je ne peux pas vous laisser passer avec le chien !
– Il faut pourtant que je photographie le départ de l'équipe, proteste Oscar.
Le policier secoue la tête :
– Vous ne prendrez pas de photo car l'équipe ne part pas, lui dit-il. Un des véhicules du convoi est en panne : le camion numéro 3, qui refuse de démarrer, bloque le passage de l'ensemble des véhicules.
« Il ne manquait plus que ça ! », se dit Oscar.
Il décide donc d'agir : après avoir confié la laisse au policier, il grimpe sur un lampadaire pour contempler la scène d'en haut.
– Il n'est pas nécessaire de bouger le camion numéro 3 ! s'écrie-t-il.
Puis, il se met à guider les véhicules jusqu'à ce que le bus ait la place de sortir.

QUESTION

Comment les voitures doivent-elles se ranger
pour permettre au bus de partir ?

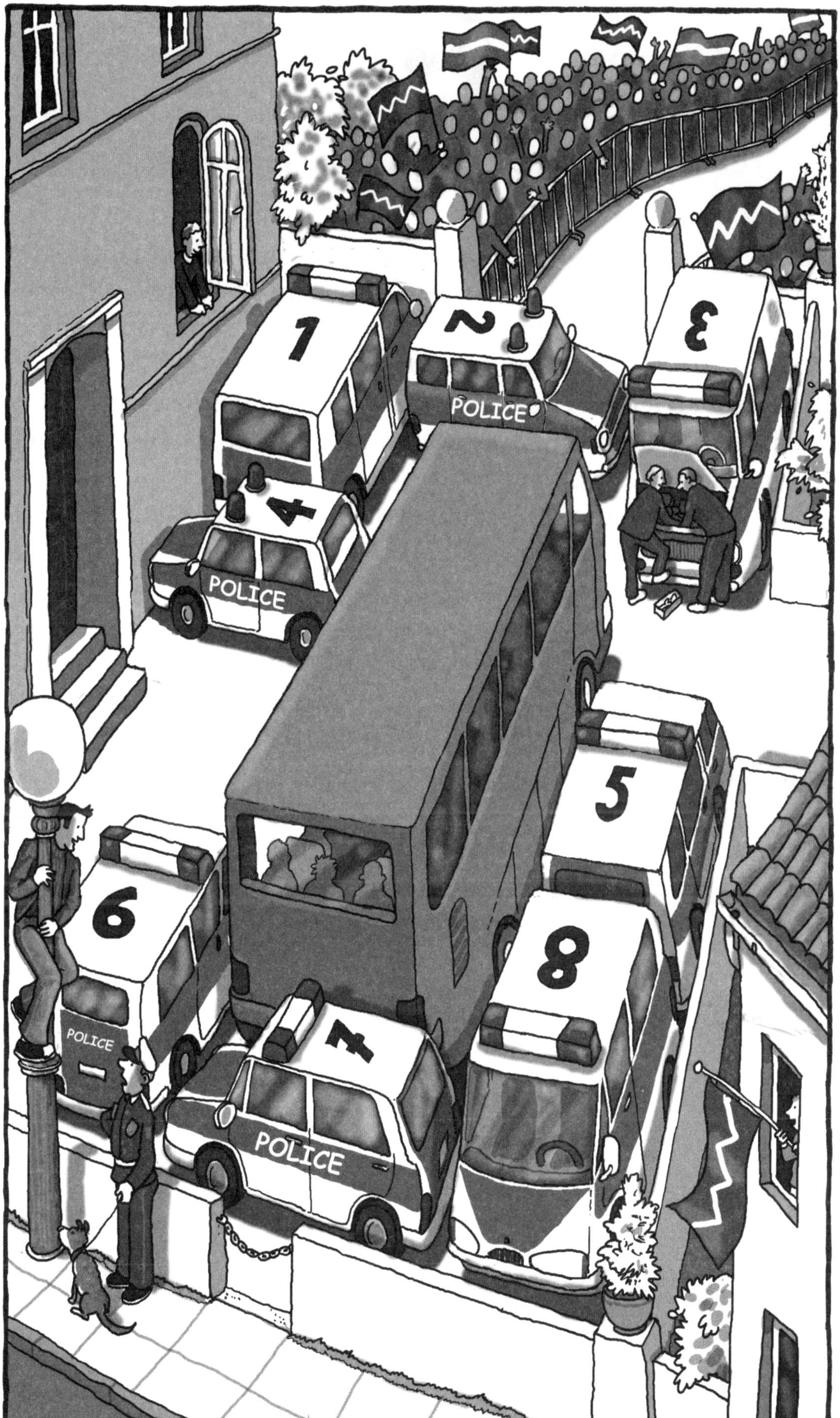

1
2
3
POLICE
4
POLICE
5
6
POLICE
7
8
POLICE

37

UNE FINALE À COUPER LE SIFFLET

Le tournoi est à son apogée. La finale réunit une affiche parfaite : les favoris en bleu, les outsiders en maillot rouge et blanc. Le stade est plein à craquer. Lorsque les joueurs entrent sur le terrain, un murmure commence à gagner la foule, jusqu'à ce que les fans des Bleus laissent éclater leur joie : le numéro 12, Jean-Marc Plindebut, est de retour ! Quelle nouvelle sensationnelle ! Dix minutes à peine après le début du match, la star ouvre déjà le score sur un corner.

Les supporters donnent libre cours à leur enthousiasme : ils chantent, sifflent et encouragent leur équipe. Mais Plindebut, désormais marqué de près par ses adversaires, n'arrive plus à toucher le ballon.

Le match devient de plus en plus tendu. Lorsque, à la 69e minute, Ronald Dino, le capitaine des Rouges et Blancs, réussit à égaliser, les deux équipes comprennent qu'elles vont devoir risquer le tout pour le tout si elles veulent l'emporter. Le jeu devient alors plus agressif : les tirages de maillot se multiplient, les tacles sont de plus en plus sévères. À la 82e minute, les Bleus profitent de la montée des défenseurs adverses pour attaquer. L'arbitre observe l'action très attentivement.

Prenant Paul à partie, Oscar s'énerve :

– Pourquoi l'arbitre ne siffle-t-il donc pas ?

QUESTION

Quelle faute l'arbitre devrait-il siffler ?

8
11
12
4
10

38

OSCAR EST MIS KO

On ne pouvait espérer finale plus palpitante. À la 90e minute, les deux équipes, toujours à égalité, doivent jouer les prolongations. Puis le numéro 15, fraîchement entré sur le terrain, permet aux Bleus de mener 2 à 1 à la 114e minute. Les Rouges et Blancs égalisent cinq minutes plus tard. L'arbitre siffle. Les deux équipes seront départagées par les tirs au but. Tandis que l'arbitre appelle les capitaines pour déterminer qui débutera la séance, le stade est en ébullition. À droite d'Oscar, Paul est complètement déchaîné : s'associant à la *ola* collective, il lève les bras de toutes ses forces et, dans son élan, frappe involontairement son confrère qui s'effondre à terre et perd connaissance.
Lorsqu'il revient à lui, Oscar est allongé sur une table d'examen. Un infirmier est en train de lui prendre le pouls.

– Il faut que je retourne voir le match, s'écrie Oscar en tentant de se lever.
– Calmez-vous ! Le match est fini depuis longtemps, lui dit l'infirmier qui le recouche sur le lit.
– Quoi ? Mais ce n'est pas possible ! Que s'est-il passé lors des tirs au but ?
– Ah, c'était passionnant ! répond l'infirmier. C'est Jean-Marc Plindebut, l'attaquant des Bleus, qui a commencé. Il a tiré de l'extérieur du pied en feintant à gauche : le ballon s'est logé à l'extrémité droite du but sans que le gardien puisse l'arrêter. Les deux joueurs suivants se sont montrés tout aussi habiles. En revanche, le quatrième a manqué son tir, envoyant la balle droit sur le poteau.
– Quel suspense ! s'émerveille Oscar.
– Les deux tirs suivants sont passés à côté, poursuit l'infirmier. Ensuite, l'ailier gauche a envoyé le ballon au-dessus de la barre transversale. Son coéquipier en a fait de même le coup d'après. Juste avant, le numéro 7 des Rouges et Blancs avait converti son tir. L'issue du match dépendait donc du numéro 13. Mais le joueur a glissé au moment de la frappe : le ballon s'est alors envolé largement au-dessus du but. Au tir suivant, le gardien a stoppé le ballon mais l'a laissé échapper et franchir la ligne de but. Le goal de l'équipe adverse a réalisé ensuite un arrêt magistral, l'arbitre a donc pu siffler la fin du match.
Oscar secoue la tête, complètement déboussolé. Mais, en réfléchissant, il finit par comprendre qui a gagné.

QUESTION

Quel est le score final ?

39

LA BOSSE DU FOOT

Dans les tribunes, les spectateurs exultent. Les étincelles du feu d'artifice jaillissent dans le ciel et sur la pelouse, les joueurs s'embrassent dans l'ivresse de la victoire.

Une fois remis de ses émotions, Oscar se dépêche de regagner sa place. En passant devant la loge présidentielle, il regarde avec curiosité par l'entrebâillement de la porte : le président de la ligue de football est en train de polir la coupe avec son mouchoir. Mais, d'un geste malheureux, il la laisse échapper de ses mains. Le trophée atterrit sur le sol en faisant retentir un son métallique.

Désemparé, le président ramasse la coupe et tente vainement d'aplanir la grosse bosse qui vient de se former à sa surface.

– Ce n'est pas vrai ! se plaint-il. Elle est fichue ! Que vais-je faire maintenant ?

– Vous devez bien avoir une coupe de rechange, lui dit Oscar, qui est entré dans la pièce entre-temps.

– Oui, confirme le président. Il doit y avoir une réplique quelque part, mais je n'ai pas le temps de la chercher : tout le monde m'attend !

– Vous pouvez y aller, je m'en occupe, lui dit Oscar d'un ton rassurant, en jetant un coup d'œil à la vitrine imposante.

Tandis que le président entame son discours de félicitations en l'honneur des vainqueurs, Oscar part en quête de la coupe de rechange et découvre bientôt la réplique étincelante et parfaitement lisse qu'il recherche !

QUESTION

Où se cache la coupe de rechange ?

UEFA

40

LES JEUX SONT FAITS

Le tournoi est enfin terminé. Oscar a vécu des moments de football intenses, mais vraiment épuisants. Tout cela est désormais derrière lui et, à partir de maintenant, il peut enfin se reposer.

Assis à son bureau, Oscar est pleinement satisfait : il vient de répartir en deux tas les papiers qu'il a accumulés au cours des derniers jours : ceux qu'il doit ranger d'un côté, ceux qui partiront au recyclage de l'autre.

Redstar renifle déjà depuis un certain temps la corbeille à papier, l'estomac dans les talons. Oscar lui caresse la tête et le félicite :

– À part le bazar que tu as mis dans les chaussures de foot, je trouve que tu t'es plutôt bien comporté !

Le chien fidèle suit avec attention les gestes d'Oscar qui déballe un sandwich au jambon et lui en tend la moitié. Avant de mordre dans la part restante, Oscar décide de débarrasser son bureau des papiers qu'il doit jeter. C'est alors que son regard tombe sur les mots croisés que lui avait donnés Martial, le supporter du lotissement des Pas Perdus et qu'il n'a pas eu le temps de faire.

Oscar prend un stylo et tend la seconde moitié du sandwich à Redstar. Il pourra ainsi se pencher sur le jeu dans le calme. Il n'a jamais pu résister aux devinettes !

QUESTION

As-tu trouvé les solutions ?

A B C D E F G
1 2 3 4 5 6
Bruit pour trinquer
Pays et fleuve d'Afrique
Période précédant Noël
Acclamation
Vedette
Bouche d'animal
Relie d'un trait les cases suivantes :
C4-B4-A3-A2-B1-C1-D2-D3-D4-D5-C6.
A B C D E F
1 2 3 4 5 6
Perdu
Gare pour bateaux
Au revoir définitif
Portion divisée par deux
Très grand homme
Couvre-chef
Relie d'un trait les cases suivantes :
B1-C1-C2-C3-C4-C5-C6.
Tu verras alors apparaître le nom de deux postes de joueur de foot, ainsi que leurs numéros correspondants.

SOLUTIONS

1. Des mordus du ballon rond
Redstar s'est caché sous le banc.

2. Rien n'arrête Oscar
Oscar se trouve en bas à gauche. Il doit emprunter le chemin Tournant, puis l'allée des Bois, l'allée des Prés, prendre à gauche la rue des Écoles, puis à droite le pont de la Mairie, le pont Ravel, le pont Rimbaud, la rue Conti, la voie Bleue, la rue Racine, la rue Rousseau, la rue Corneille, tourner à droite dans la rue Principale, suivre l'allée Circulaire, le pont Serpentin et enfin prendre à droite vers l'aéroport.

3. Une arrivée en fanfare
Les voyageurs font visiblement partie d'un orchestre car ils portent des étuis d'instruments de musique (contrebasse, trompette, violon, etc.) sur leurs chariots à bagages.

4. La valse des crampons
En comptant celle qu'il tient dans sa gueule, Redstar a déballé en tout 13 chaussures de football.

5. Oscar se glisse en coulisse
Le n° 1 et le n° 5 dorment dans la chambre 212, le n° 2 et le n° 12 dans la chambre 208, le n° 3 et le n° 8 dans la chambre 233, le n° 4 et le n° 7 dans la chambre 217, le n° 6 et le n° 9 dans la chambre 240 et le n° 10 et le n° 11 dans la chambre 219.

6. Un champion trop zélé
Jean-Marc Plindebut est assis avec sa compagne sur la troisième rangée en partant du bas, encadré par deux gardes du corps qui portent des lunettes de soleil.

7. Des chiffres et des lettres
Les joueurs sont alignés dans l'ordre alphabétique des numéros qu'ils portent sur leur maillot : cinq – deux – dix – huit – neuf – onze – quatre – sept – six – trois – un.

8. Cafouillage dans l'arbitrage
Tu as peut-être entendu parler du célèbre but de Wembley, par lequel l'Angleterre élimina l'Allemagne lors de la coupe du monde de 1966. À l'époque, le ballon avait également touché la barre transversale avant de retomber sur le sol mais, contrairement au cas présent, il n'avait pas laissé de trace sur la ligne de but. Or selon les règles, un but n'est valide que si le ballon franchit complètement la ligne.

9. Sauvé par le sticker
L'attaquant qu'Oscar cherche à photographier est le deuxième joueur en partant de la droite.

10. Aux Pas Perdus
La maison de Martial Lélébleu se trouve au milieu de la rangée du haut, derrière le banc.

11. Les fans sont en panne !
Oscar a tout de suite compris que la deuxième rallonge à laquelle était relié le téléviseur n'était pas branchée et que son extrémité pendait sur la pelouse. Le poste n'était donc pas alimenté par le courant.

12. Papier mâché
La faute a été commise une minute après la fin de la mi-temps, à 17 h 01, c'est-à-dire à la 46e minute.

13. Mauvaise pioche
La seule carte qui ne comporte aucune erreur est celle d'Alain Batable.

14. Redstar ne reste pas de glace
Le glacier a donné à certaines de ses spécialités des noms de personnalités qui n'ont rien à voir avec le football : Nadal (un joueur de tennis), Madonna (une chanteuse), Johnny Depp (un comédien). De plus, la coupe UEVA devrait s'appeler coupe UEFA, d'après le sigle de l'Union des associations européennes de football. Enfin, le glacier a inversé le nom et le prénom du joueur Luca Toni. Ces indices montrent clairement que le glacier s'y connaît peu en foot.

15. Les joueurs tournent en rond

Si tu prends le plan à l'envers, tu verras que le haut du dessin correspond à l'image du milieu. L'hôtel se trouve en haut à droite : il s'agit de l'immeuble blanc situé à gauche de la petite maison grise.

16. Panique dans la tactique

Hector Jeu, le joueur d'origine africaine qui porte une boucle d'oreille, s'est assis par mégarde sur la feuille de l'entraîneur.

17. Le casse-tête des serviettes

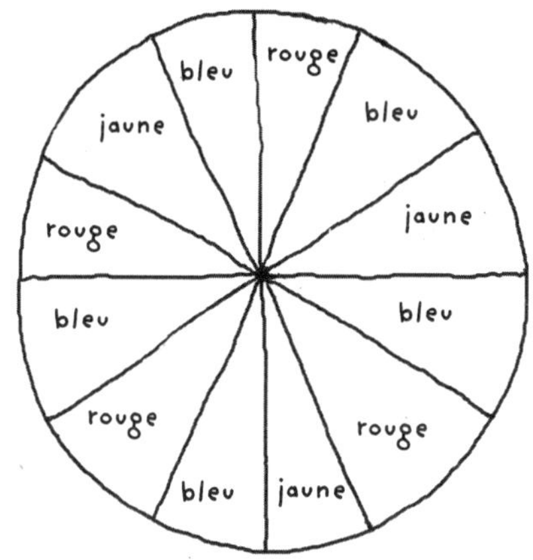

Si tu dessines un cercle divisé en 12 parts égales (tu peux par exemple prendre une montre pour modèle), tu verras que Gaspard a besoin d'utiliser au moins trois motifs de serviette. Sur le dessin, nous avons représenté les trois motifs par des couleurs différentes (jaune, rouge et bleu).

18. Gare aux tire-au-flanc !

Le joueur qui fait son show avec les haltères cherche visiblement à masquer sa fainéantise. En effet, contrairement aux autres, son T-shirt ne porte aucune trace de transpiration. Il y a donc fort à parier qu'il a séché l'entraînement !

19. Sésame, ouvre-toi !

Si l'entraîneur tourne le papier à l'envers, il lira la combinaison suivante : 337051 371 40.

20. Quelle douche froide !

Oscar doit inverser la position des robinets suivants : le n° 1 doit être ouvert, le n° 2 ouvert, le n° 4 fermé, le n° 5 fermé, le n° 6 fermé, le n° 7 ouvert, le n° 10 fermé, le n° 11 ouvert, le n° 14 fermé, le n° 15 ouvert, le n° 16 fermé, le n° 17 ouvert et le n° 19 fermé.

21. Pas de quartiers pour les hooligans

Le hooligan n° 1 se tient à gauche de l'image, sous le drapeau rayé. Le n° 2 se trouve au milieu, derrière l'homme qui brandit un klaxon. Le n° 5 est caché derrière le panneau indiquant « ENTRÉE EST », entre un fan qui porte une casquette et un supporter au crâne rasé. Le n° 6 est placé en haut de l'image, derrière un homme qui porte un chapeau à pois. Enfin, le n° 8 se situe en haut à droite, devant une femme qui porte un haut-de-forme.

22. Maudit tunnel !

Voici le chemin que doit suivre le capitaine de l'équipe.

23. Une fiancée tirée à quatre épingles

La fiancée du goal est la sixième en partant de la droite. Elle a les cheveux raides et porte des lunettes de soleil, une jupe, des bottes, un bandeau ainsi qu'une chemise à carreaux.

24. Oscar fait chou blanc

Nous sommes dimanche. La compagne de Ronald Dino est arrivée vendredi et reste jusqu'à aujourd'hui. Le mardi et le mercredi, le footballeur doit se rendre à son entraînement. Le jeudi, il est pris par sa séance de photos. Enfin, son prochain match a lieu vendredi. Il reste donc un jour de libre dans l'agenda du joueur : le lundi.

25. Bien vu, l'arbitre !
Il n'y a pas faute car, comme le montre l'image, c'est la main du goal qui a touché le ballon.

26. Redstar fait encore des siennes
La chaussure qui n'a pas de paire se trouve à gauche, sous le banc du fond, devant les casiers.

27. Au voleur !
Le voleur est caché en haut à droite, devant l'homme qui lève le bras et porte une cravate. Il essaie de dissimuler la mascotte sous sa veste, mais on peut apercevoir les oreilles du lapin qui en dépassent.

28. Qui a perdu son maillot ?
Il manque le maillot de Lebeau qui porte le numéro 9.

29. Un texto qui tombe à pic
Si l'on regarde les gradins de là où se trouve Oscar, on aperçoit Paul, assis à la 11e rangée en partant du bas, à gauche d'un homme qui porte un chapeau et un appareil photo en bandoulière. La place d'Oscar se trouve plus à droite, sur la 8e rangée, juste devant le petit gros qui porte une cravate.

30. Quel sacré numéro !
Les deux voisins d'Oscar ont raison : le joueur qui a commis la faute porte le numéro 13 au dos de son maillot et le numéro 18 sur son short (qu'il a visiblement mis par erreur).

31. Un match sens dessus dessous
Les photos ont été prises dans cet ordre : 4 – 7 – 2 – 6 – 1 – 3 – 5.

32. Un secret bien gardé

Oscar a compris que le petit gros s'était réfugié chez le glacier lorsqu'il pleuvait à verse parce que son parapluie dégouttait encore de pluie. Le journaliste à la veste à carreaux est arrivé lorsqu'il ne pleuvait plus car il n'a pas utilisé son parapluie. Enfin, le grand blond s'est installé le dernier puisqu'il porte des vêtements légers et que son café fume encore.

33. Échange de bons procédés

L'horloge du Sorbet Givré marque 14 heures. Quatre heures plus tard, il sera 18 heures, soit deux fois 9 heures. À 9 heures, l'entraînement aura déjà démarré depuis une heure. Il commence donc à 8 heures.

34. Une découverte inespérée

L'entraînement a lieu à Sitron-Jivray, qui se trouve :

– à 9 km de Piesmontay en passant par Forêt-Noire et Biscuy-Fouret ;
– à 10 km de Moussaux-Maront en passant par Gatau-Marbrey et Bavaroy ;
– à 14 km d'Aiclair en passant par Soufley-Aupoir ;
– à 10 km de Tartatin en passant par Cresme-Bruley.

35. Scoop à l'entraînement

Oscar vient de comprendre que la qualité de jeu s'est nettement améliorée parce que Jean-Marc Plindebut a rejoint l'équipe sur le terrain. En effet, on y compte un joueur de plus et Plindebut a laissé son bandage sur le banc.

36. Dégagez la route !

Pour permettre au bus de partir, il faut procéder aux manœuvres suivantes :

1) déplacer la voiture 6 vers l'avant,
2) avancer la voiture 7 vers la gauche,
3) reculer le bus jusqu'à la clôture,
4) dégager la voiture 4 complètement vers la droite,
5) reculer la voiture 1,
6) la voiture 2 peut alors reculer pour tourner à gauche et libérer la voie.

37. Une finale à couper le sifflet
En arrière-plan, un joueur de l'équipe des Rouges et Blancs est en train de tirer violemment les cheveux d'un adversaire. Une telle faute devrait être sévèrement sanctionnée !

38. Oscar est mis KO
Le score final est de 5 à 4 pour les Bleus.

39. La bosse du foot
La coupe de rechange se trouve sur l'étagère du milieu : il s'agit de la quatrième en partant de la droite.

40. Les jeux sont faits
Solution des mots croisés du haut :
1 : Tchin ; 2 : Niger ; 3 : Avent ; 4 : Ovation ; 5 : Star ; 6 : Gueule.
En reliant les cases entre elles, le mot à trouver est "avant-centre". Le chiffre 9 apparaît dans la grille.

Solution des mots croisés du bas :
1 : Égaré ; 2 : Port ; 3 : Adieu ; 4 : Moitié ; 5 : Géant ; 6 : Bonnet.
En reliant les cases entre elles, le mot à trouver est "gardien". C'est le chiffre 1 qui apparaît dans la grille.

Nos livres d'enquêtes

L'agence Malice et Réglisse

L'agence Lenoir et Blanc

FORMAT POCHE

Les aventures de la famille Buissonnière

www.actes-sud-junior.fr

Reproduit et achevé d'imprimer
en janvier 2009
par CPI-Hérissey
à Evreux
pour le compte des éditions
ACTES SUD
Le Méjan
Place Nina-Berberova
13200 Arles

Dépôt légal
présente édition : janvier 2009
N° impr. : 110560
(Imprimé en France)